I0450579

La démocratie américaine

1835

FRANCISQUE DE CORCELLE

TABLE DES MATIÈRES

LA DÉMOCRATIE AMÉRICAINE

Deux prodigieuses puissances, la démocratie européenne et la démocratie des États-Unis, entraînent le monde occidental vers des destinées inconnues. L'une est née de la conquête, l'autre est arrivée tout d'un coup, par sa formation coloniale, aux salutaires pratiques d'une liberté sans exemple dans l'histoire. Leurs points de départ et leurs moyens sont différens ; leur but est semblable.

Que pouvait tenter la démocratie européenne sans entrer en lutte avec les possesseurs de son territoire ? Successivement servie et opprimée par la féodalité, l'église, la monarchie, il en est résulté qu'elle a sans cesse entrepris de refaire ses lois politiques et religieuses. Dans cette œuvre où la science et le gouvernement lui manquaient, ses idées, ses sentimens et ses mœurs, ont presque toujours été en désaccord. Combien elle a imaginé d'étranges détours pour se produire ! Dominée par des pouvoirs traditionnels, expérimentés et habiles, elle s'est formée à l'école de ses Maîtres, s'est efforcée de les combattre avec leurs propres armes ; comme eux, enthousiaste et subtile, tour à tour orthodoxe, hérétique ou philosophe, aristocrate, royaliste ou républicaine, selon ses besoins : telle est encore la démocratie du vieux monde.

La démocratie américaine, placée en face du continent désert qui réclame son industrie, poursuit des gains à la fois trop nécessaires et trop faciles, pour avoir, le temps ou la volonté de renouveler les institutions religieuses et politiques dont elle n'a d'ailleurs qu'à se louer. Libre dès sa naissance, aucun pouvoir aristocratique ne s'est allié à une église dominante, afin de lui susciter ces obstacles qui ont tant de fois provoqué les soulèvemens de l'Europe. Elle est donc religieuse comme elle est républicaine, par habitude, et parce que les règles établies lui suffisent.

Voyez comme les sectes les plus véhémentes du dix-septième siècle transportées sur le col des États-Unis, se transforment facilement en régulière république ! Après avoir envoyé le roi d'Angleterre à l'échafaud, le colon puritain ou anabaptiste n'est plus, dans sa nouvelle patrie, qu'un tranquille cultivateur. Il cesse d'innover en religion, pour innover méthodiquement en politique. Assurément, la place et les facilités ne lui manqueraient pas, s'il entreprenait de réaliser d'audacieuses utopies ; cependant il se renferme dans les routines nécessaires à sa laborieuse existence, tandis qu'en Europe, où le resserrement des intérêts les plus opposés ne permet pas un seul progrès qui ne soit accompagné d'une violente crise, l'ardeur révolutionnaire s'échappe des plus naïves professions et de la solitude même des cloîtres, s'accroît par les contrariétés qu'elle éprouve aussi bien que par les sacrifices qu'elle exige

La démocratie américaine est essentiellement pratique, dans ses théories comme dans l'application, parce qu'elle fait elle-même ses affaires.

La démocratie européenne est rêveuse, incertaine et révolutionnaire, parce que le gouvernement appartient à ses ennemis.

Nul n'oserait affirmer que ces deux puissances soient arrivées à leurs fins. Chacune a sa supériorité relative, les vertus et les vices de sa situation présente ou de son état de transition. De là, les vains et contradictoires jugemens de la plupart des publicistes. Ils se figurent, en les opposant l'une à l'autre, que leur caractère est immuable ; ils parlent d'elles comme si leur destinée était accomplie, et l'esprit de parti ajoute ordinairement ses iniquités aux préventions naturelles qu'inspirent des institutions et des mœurs peu connues. C'est pourquoi rien n'est plus difficile qu'un bon livre sur la démocratie américaine comparée à la nôtre.

Celui de M. Alexis de Tocqueville [1] réunit au plus haut degré les connaissances spéciales et la philosophie, nécessaires pour traiter un aussi vaste sujet. Notre vive admiration pour ce noble et substantiel ouvrage sera partagée, nous en avons l'assurance. Déjà les chefs les plus opposés et les plus éminens du monde politique l'ont accueilli avec les mêmes sentimens qu'il nous est doux d'exprimer. N'est-ce pas un beau privilége que de captiver de la sorte ces esprits inquiets et de les ravir jusqu'aux régions où la science recouvre quelquefois son empire ?

Dans l'Amérique, M. de Tocqueville a vu plus que l'Amérique, c'est-à-dire une image de la démocratie, de ses penchans, de son caractère, de ses passions, afin de savoir ce que nous devons craindre ou espérer d'elle. Il a recherché les précautions établies ou négligées par les Américains, pour diriger cette puissance abandonnée presque sans contrainte à ses instincts.

L'égalité des conditions, aux États-Unis, est en effet l'immense résultat qui agit à son tour, comme cause générale, sur l'esprit public, sur les lois et les habitudes particulières des gouvernés. Or, l'auteur, reportant sa pensée vers notre hémisphère, un spectacle analogue à celui qu'offre le Nouveau-

Monde lui inspire une sorte de religieuse terreur. Partout on voit les divers incidens de la vie des peuples tourner au profit d'une semblable révolution, et la démocratie s'avancer rapidement vers le pouvoir. Tous les hommes l'ont aidée de leurs efforts ; ceux qui avaient en vue de concourir à ses succès, ceux qui ne songeaient pas à la servir, et ceux même qui se sont déclarés ses ennemis.

Le développement graduel de l'égalité est donc un fait providentiel : il continue à travers les siècles et s'étend à tout l'univers chrétien. Les termes de comparaison nous manquent pour savoir où ce mouvement nous entraîne, et la grandeur de ce qui est déjà fait empêche de prévoir ce qui peut se faire encore.

Il faut pourtant une science politique nouvelle à un monde tout nouveau ; mais c'est à quoi l'on ne songe guère. Parmi nous, jamais les chefs de l'état, les classes les plus intelligentes et les plus morales de la nation n'ont cherché à s'emparer de cette grande révolution sociale, afin de la diriger. On semblait ignorer l'existence de la démocratie, quand elle s'est emparée à l'improviste du pouvoir ; chacun alors l'a servilement adorée comme l'image de la force. Quand ensuite elle se fut affaiblie par ses propres excès, les législateurs ne songèrent qu'à la repousser du gouvernement au lieu de lui apprendre à gouverner. Il en est résulté que la révolution démocratique s'est opérée dans le matériel de la société, sans qu'il se fît dans les idées, les lois et les mœurs, le changement nécessaire pour rendre cette révolution bienfaisante. Ainsi, voyant déjà les maux qu'entraîne la démocratie, nous ignorons encore ses avantages naturels.

Dans ce douloureux état de transition, M. de Tocqueville croit que le seul parti sage qu'on puisse prendre, est de régulariser le mouvement qui nous est propre, d'instruire notre société irrésistiblement entraînée à la plus complète égalité des conditions, de ranimer, s'il se peut, ses croyances, de purifier ses mœurs et de substituer peu à peu la science des affaires à son inexpérience.

Telles sont les idées générales qu'il expose dans une franche introduction. Également éloigné d'un aveugle esprit de résistance et de toute confiance irréfléchie en un type de gouvernement quelconque, c'est avec autant d'impartialité que de facile pénétration, dans un langage clair et digne, qu'il interroge ensuite les souvenirs de la république américaine, et la suit depuis son origine jusqu'à ses derniers développemens.

A l'époque où les premiers colons descendirent sur les rivages du Nouveau-Monde, les traits de leur caractère national étaient déjà bien dessinés. Nés dans un pays où les différens partis avaient été obligés de se placer tour à tour sous la protection des lois, leur éducation politique s'était faite à cette rude école, et l'on voyait parmi eux plus de notions des droits ou de la vraie liberté que chez la plupart des peuples de l'Europe. Ils apportaient les habitudes du gouvernement communal, ce germe fécond des institutions libres, et avec lui le dogme de la souveraineté du peuple, introduit au sein même de la monarchie des Tudors.

De grands seigneurs avaient essayé de s'y établir avec d'immenses priviléges ; mais il se trouva que leurs propriétés, ne pouvant enrichir à la fois un maître et un fermier, furent bientôt morcelées en petits domaines que le propriétaire seul cultivait. Ainsi les émigrans n'avaient aucune idée de supériorité les uns sur les autres, et leur nouvel établissement repoussait, l'aristocratie territoriale.

La Virginie reçut la première colonie en 1607. Ce furent des chercheurs d'or, des aventuriers, qui s'en emparèrent, puis des industriels et des cultivateurs, race plus morale, mais qui ne s'élevait presque en aucuns points au-dessus des classes inférieures de l'Angleterre. A peine étaient-ils établis, qu'on introduisit parmi eux cette plaie de l'esclavage, qui eut une si fatale influence sur les mœurs, les lois et l'avenir tout entier du sud de l'Union.

Aux colonies anglaises du Nord, plus connues sous le nom de Nouvelle-Angleterre, appartient l'honneur d'avoir combiné les idées qui forment aujourd'hui les bases de la théorie sociale des États-Unis, et qui ont ensuitegagné, de proche en proche, les états les plus éloignés, rencontrant au sud quelques obstacles dans la triste opposition de la race blanche et de la race noire.

Tout a été singulier et original dans la fondation de la Nouvelle-Angleterre. Pour la première fois, des colons, ne relevant point d'une compagnie ou d'un gouverneur chargé de les administrer sous les ordres immédiats du roi, avaient obtenu le droit de se gouverner eux-mêmes, en tout ce qui n'était pas contraire aux lois de la mère-patrie. Pour la première fois, on voyait se former une société politique avec des familles sorties des classes les plus éclairées, les plus morales et les plus riches de leurs pays, et s'exilant, non pour acquérir de plus grandes richesses, mais pour faire triompher une idée. Elles appartenaient, en grande majorité, à cette secte puritaine qui mettait le zèle religieux au service d'une véritable théorie démocratique et républicaine.

Aussi la Nouvelle-Angleterre reconnaît et applique en naissant les principes généraux des constitutions modernes, à peine entrevus par l'Europe du XVIIe siècle. L'intervention du peuple dans ses affaires, le vote libre de l'impôt, l'élection et la responsabilité des agens du pouvoir, la liberté individuelle et le jugement par jury, y sont établis sans discussion et en fait.

Dès 1650, l'indépendance communale, qui est encore de nos jours comme la vie de la liberté américaine, est complètement constituée. La commune de la Nouvelle-Angleterre nomme ses magistrats de tout genre, se taxe, répartit et lève l'impôt sur elle-même. La loi de la représentation n'y est point admise : c'est dans l'assemblée générale des citoyens que se traitent les affaires. Le sort des pauvres est assuré, et la fréquentation des écoles par les enfans est imposée aux pères de famille comme la première des obligations sociales. Le législateur entre dans mille détails, pour faire observer la morale chrétienne ; mais les mœurs sont encore plus religieuses que la loi.

La religion voit dans la liberté civile un noble exercice des facultés de l'homme ; dans le monde politique, un champ livré par le créateur aux efforts de l'intelligence. La liberté voit dans la religion la compagne de ses luttes et de ses triomphes, le berceau de son enfance, la source divine de ses droits.

Dans l'ordre moral, tout est classé, coordonné, prévu, décidé d'avance. Dans l'ordre politique, tout est agité, contesté, incertain. Telle est l'origine de deux tendances différentes, mais non contraires, qui distinguent les Anglo-Américains. Ils recherchent avec une ardeur égale le ciel dans l'autre monde, la richesse, le bien-être et la liberté dans celui-ci.

Quand la révolution d'Amérique éclata, le dogme de la souveraineté du peuple sortit de la commune, et s'empara du gouvernement ; il devint la loi des lois.

L'abolition de la législation anglaise sur la transmission des héritages acheva de briser les influences locales qui auraient pu lutter contre les progrès de la démocratie. Les hautes classes, trop faibles pour arracher l'empire des mains du peuple, ne songèrent plus qu'à gagner sa bienveillance.

A mesure que le temps, les évènemens et les lois ont développé le régime démocratique, l'aisance est devenue plus facile, plus générale, et la richesse aussi plus rare. Il en est résulté que l'égalité des conditions s'est étendue, jusqu'à un certain point, sur les intelligences elles-mêmes. Presque tous les citoyens, ayant besoin d'exercer une profession, entreprennent des études spéciales et lucratives. Aucun pays ne renferme aussi peu de savans et d'ignorans que l'Amérique. L'instruction primaire y est à la portée de chacun, l'instruction supérieure n'y est à la portée de personne. Ainsi, de nos jours, l'élément aristocratique, toujours faible depuis sa naissance, est affaibli de telle sorte qu'il est impossible de lui assigner une influence quelconque dans la marche des affaires.

Le dogme de la souveraineté du peuple aux États-Unis n'est point une doctrine isolée qui ne tienne ni aux habitudes, ni à l'ensemble des idées dominantes ; on peut, au contraire, l'envisager comme le dernier anneau d'une chaîne d'opinions qui enveloppe le monde anglo-américain tout entier.

La Providence a donné à chaque individu le degré de raison nécessaire pour qu'il puisse se diriger lui-même dans les choses qui l'intéressent exclusivement. Telle est la grande maxime sur laquelle repose la société civile et politique de ce continent. Le père de famille en fait l'application à ses enfans, le maître à ses serviteurs, la commune à ses administrés, la province aux communes, l'état aux provinces, l'Union aux états. Étendue à l'ensemble de la nation, elle est la plus haute expression de la souveraineté du peuple. Ainsi, le principe générateur de la république est le même qui règle la plupart des actions humaines. La religion du plus grand nombre est également républicaine, puisqu'elle soumet les vérités de l'autre monde à la raison de chacun, comme la politique abandonne au bons sens de tous les intérêts de celui-ci.

Toutes les institutions qui découlent de cette autorité universellement admise de la raison individuelle ont pris naissance dans l'état. C'est donc l'état qu'il faut connaître pour avoir la clef de tout le reste. Au premier degré se trouve la commune, plus haut le comté, enfin l'état.

La commune de la Nouvelle- Angleterre, qui offre les meilleurs exemples, tient le milieu entre le canton et la commune de France ; on y compte de 2 à 5,000 habitans, de sorte que, n'étant pas assez étendue pour que tous ses habitans n'aient pas, en général, les mêmes intérêts, elle est, d'un autre côté, assez peuplée pour qu'on soit sûr d'y trouver les élémens d'une bonne administration ; tandis que notre commune ne possède qu'un seul fonctionnaire administratif, le maire, la commune américaine compte dix-neuf fonctions principales, obligatoires pour tout citoyen.

A cette occasion, M. de Tocqueville fait remarquer avec quel art le système américain multiplie les fonctions utiles dans toutes les branches du gouvernement, afin d'intéresser plus de monde à la chose publique. De cette manière la vie sociale se manifeste à chaque instant, par l'accomplissement d'un devoir ou par l'exercice d'un droit. On pense avec raison aux États-Unis, que l'amour de la patrie est une espèce de culte auquel les hommes s'attachent par les pratiques. L'Américain aime sa commune parce qu'elle est forte et indépendante ; il s'y intéresse parce qu'il concourt à la diriger ; il place en elle son ambition et son avenir ; c'est là qu'il s'essaie à gouverner la société, qu'il s'habitue aux formes sans lesquelles la liberté ne procède que par révolutions, et comprend l'harmonie des pouvoirs qu'il pratique dans leur premier élément.

Le comté américain a beaucoup d'analogie avec l'arrondissement de France ; il n'est créé que dans un intérêt purement administratif, et de plus, comme la commune n'était pas assez étendue pour qu'on pût y renfermer l'administration de la justice, le comté forme le premier centre judiciaire, Il n'y a point, en général, d'assemblée qui le représente ; l'état et la commune suffisent à la marche habituelle des affaires.

Mais comment faire obéir les comtés et leurs administrateurs, les communes et leurs fonctionnaires, aux lois de l'Union ou de l'état ? Le pouvoir de l'administration n'offre rien de hiérarchique ni de central, ce qui fait qu'on l'aperçoit à peine. En Europe, le fonctionnaire administratif est destitué, ou avancé en grade, par ses supérieurs. Aux États-Unis, il est élu, et par conséquent, les tribunaux peuvent seuls le forcer à l'obéissance, sans violer les droits de l'électeur. M. de Tocqueville établit fort clairement que l'extension du pouvoir électif exige une extension correspondante du pouvoir judiciaire, si l'on ne veut pas que l'état finisse par tomber en anarchie ou en servitude.

Ainsi, les juges de paix, nommés en certains nombre pour chaque comté, par le pouvoir exécutif, assurent l'exécution des lois administratives, soit individuellement, soit lorsqu'ils se réunissent deux fois par année, en cour des sessions.

La commune et le comté ne sont pas constitués partout de la même manière, mais on peut dire que leur organisation repose partout sur cette même idée, que chacun est le meilleur juge de ce qui n'a rapport qu'à lui-même, et le plus en état de pourvoir à ses besoins particuliers. La commune et le comté sont donc chargés de veiller à leurs intérêts spéciaux. L'état gouverne et n'administre pas. On rencontre des exceptions à ce principe, mais non un principe contraire. La première conséquence de cet état de choses, a été de faire choisir par les habitans eux-mêmes tous les administrateurs de la commune ou du comté, ou du moins de choisir ces magistrats exclusivement parmi eux ; en un mot, élection des fonctionnaires administratifs ou inamovibilité de leurs fonctions, absence de hiérarchie administrative, et par conséquent, introduction des moyens judiciaires dans le gouvernement de la société, tels sont les principaux caractères auxquels on reconnaît l'administration américaine, depuis le Maine jusqu'aux Florides.

Il serait inutile d'exposer ici les lois qui régissent les états et le gouvernement central, car elles se trouvent dans des constitutions écrites. La plupart des formes qu'elles consacrent, adoptées en partie par plusieurs états européens, nous sont devenues familières, et nous avons surtout pour objet de saisir les traits saillans de la démocratie américaine.

Personne n'ignore que le pouvoir législatif de chaque état est divisé en deux branches, le sénat et la chambre des représentans, soumises l'une et l'autre aux mêmes conditions d'éligibilité, élues de la même manière, et par les mêmes citoyens. Indépendamment de leurs attributions, la seule différence qui existe entre elles, provient de ce que le mandat des sénateurs est plus long que celui des représentans. La loi a pris soin, de cette manière, de maintenir parmi les législateurs un noyau d'hommes déjà habitués aux affaires.

Par la division du pouvoir législatif en deux branches, les Américains n'ont pas voulu opposer une chambre héréditaire et aristocratique à une chambre élective, mais diviser la force législative, afin de ralentir son mouvement, et de créer un tribunal d'appel pour la révision des lois. Le temps et la pratique des affaires ont confirmé les avantages de cette précaution. New-York., la Pensylvanie et d'autres états, après avoir établi une seule assemblée législative, ont fini par lui opposer une seconde chambre. C'est donc par expérience, et non par une aveugle imitation du système anglais, ainsi que l'a prétendu M. Conseil, dans une introduction à la correspondance de Jefferson, que les Américains ont adopté la division du pouvoir législatif, comme un axiome de leur science politique.

M. de Tocqueville ne saurait concevoir qu'une nation, et surtout un état européen, puisse vivre sans une forte concentration des pouvoirs qui lui sont nécessaires ; mais il a soin de distinguer la centralisation gouvernementale de la centralisation administrative. Cette dernière n'est bonne, selon lui, qu'à énerver les peuples, parce qu'elle tend sans cesse à diminuer parmi eux l'esprit de cité. La centralisation administrative parvient, il est vrai, à réunir à une époque donnée, et dans un certain lieu, toutes les forces disponibles de la nation, mais elle nuit à la reproduction des forces. Elle la fait triompher le jour du combat en diminuant à la longue sa puissance. Qu'on y prenne garde, quand on dit qu'un état ne peut agir parce qu'il n'a pas de centralisation, on parle presque toujours de la centralisation gouvernementale qui existe au plus haut point dans la république américaine.

La puissance nationale est plus concentrée aux États-Unis qu'elle ne l'a été dans aucune des anciennes monarchies de l'Europe. Rien ne saurait l'arrêter, ni priviléges, ni immunités locales, ni influence personnelle, pas même l'autorité de la raison, puisqu'elle représente la majorité qui se prétend l'unique organe de la raison. Elle n'a d'antres limites que sa propre volonté. A côté d'elle et sous sa main, le représentant du pouvoir exécutif, soit dans l'Union, soit dans chaque état, ne peut que contraindre les mécontens à l'obéissance, par la force matérielle dont il dispose.

Le pouvoir social ainsi centralisé change souvent de mains, parce qu'il doit être l'organe de la souveraineté populaire. Il lui arrive de manquer de sagesse et de prévoyance, précisément parce qu'il peut tout. Là se trouve pour lui le danger. C'est donc à cause de sa force même, et non par suite de sa faiblesse, qu'il est menacé. Si jamais la liberté se perdait en Amérique, il faudrait s'en prendre au despotisme de la majorité qui aurait réduit de puissantes minorités au désespoir.

Deux dangers principaux menacent l'existence des démocraties : l'asservissement du pouvoir législatif aux volontés du corps électoral, et la concentration dans le pouvoir législatif de tous les autres pouvoirs du gouvernement.

Les législateurs des états ont favorisé l'accroissement de ces dangers. Les législateurs de l'Union ont fait ce qu'ils ont pu pour les rendre moins redoutables. Le pouvoir exécutif est, plus faible dans les états, vis-à-vis les deux chambres, les juges sont aussi moins indépendans que dans le gouvernement fédéral, La constitution nationale est donc supérieure, selon M. de Tocqueville, à toutes les constitutions des états.

Dans les confédérations qui ont précédé, en divers pays, la constitution des États-Unis, telle qu'elle fût arrêtée en 1789, les peuples qui s'alliaient, gardaient le droit d'ordonner et de surveiller chez eux l'exécution des lois du gouvernement fédéral. Les états américains qui existaient avant l'Union, ont non-seulement consenti à ce qu'elle leur dictât des lois, mais encore à ce qu'elle fit exécuter elle-même ses lois. Cette différence a produit d'immenses résultats. Ainsi, le gouvernement de l'Union conduit les affaires avec vigueur et facilité, parce qu'au lieu d'emprunter ses forces, il les puise en lui-même ; il a ses administrateurs à lui, ses tribunaux, ses officiers de justice, son armée ; il a pour gouvernés, non des états, mais de simples citoyens.

Le congrès règle les principaux actes de l'existence sociale ; tout le détail en est abandonné aux législations provinciales. On ne saurait se figurer combien cette division de la souveraineté sert au bien-être de chacun des états dont l'Union se compose. Dans ces petites sociétés que ne préoccupe pas l'idée de se défendre ou de s'agrandir, toute la puissance publique et toute l'énergie individuelle sont tournées du côté des améliorations intérieures. Ce besoin d'améliorations agite sans cesse les républiques américaines, et ne les trouble pas. L'ambition du pouvoir y laisse la place à l'amour du bien-être. Si l'Union est une vaste république, quant à l'étendue, elle est renfermée en d'étroites limites à cause du peu d'objets dont s'occupe son gouvernement. Libre et heureuse comme une petite nation, elle est glorieuse et forte comme une grande. Comme tout n'y vient pas aboutir à un centre commun, on n'y voit ni vastes métropoles, ni richesses immenses, ni profondes misères, ni subites révolutions.

L'esprit public de l'Union n'est en quelque sorte qu'un résumé du patriotisme communal et provincial ; il se fait sentir partout. Tandis que l'Européen n'aperçoit trop souvent dans le magistrat qu'un représentant de la force, le citoyen des États-Unis considère en lui le représentant de ses droits et de ses intérêts ; à ses yeux le fonctionnaire est petit, mais son autorité immense, et en y déférant, il obéit moins à l'homme qu'à la justice et à la loi. Pour assurer la liberté, nous voudrions affaiblir le pouvoir dans son principe même. En Amérique, on s'est contenté de le diviser dans son exercice. En aucun pays, la loi ne parle un langage aussi absolu, et le droit de l'appliquer n'est divisé entre tant de mains.

Un particulier conçoit-il une entreprise ayant un rapport direct avec le bien-être de la société, jamais il n'a l'idée de s'adresser au gouvernement pour obtenir son concours ; il n'appelle à son secours que des ressources individuelles, et lutte corps à corps contre tous les obstacles : souvent il réussit moins bien que si l'état était à sa place ; mais à la longue le résultat général de toutes les entreprises individuelles dépasse de beaucoup ce que pourrait faire le gouvernement.

La police administrative n'existe pas ; les passeports sont inconnus, lesagens judiciaires peu nombreux n'ont pas toujours l'initiative des poursuites, et cependant le criminel échappe bien rarement, à la peine. C'est qu'en Amérique on le considère comme un ennemi du genre humain. Il a la société tout entière contre lui.

La force qui administre l'état est bien moins réglée, moins savante, mais cent fois plus puissante qu'en Europe. Il n'y a pas de peuple qui fasse autant d'efforts pour créer le bien-être social. M. de Tocqueville n'en connaît point où l'on soit parvenu à établir des écoles aussi nombreuses et aussi efficaces, des temples plus en rapport avec les besoins religieux des habitans, des routes communales mieux entretenues.

Ce sont là, aux États-Unis, les incontestables avantages du gouvernement de la majorité par elle-même. Voici maintenant ses côtés faibles. Hâtons-nous de résumer cette partie fâcheuse des observations de M. de Tocqueville.

Le mérite est aussi commun parmi les gouvernés américains, qu'il l'est peu chez les gouvernans. Les hommes les plus remarquables de ce pays sont rarement appelés aux fonctions publiques, et la race de ses hommes d'état s'est singulièrement rapetissée depuis un demi-siècle. Quand le peuple de l'Union luttait pour son indépendance, les hommes supérieurs couraient au-devant de lui, et les prenant dans ses bras, il les plaçait à sa tête ; car, en de grands périls, les nations, comme les individus, s'élèvent bien au-dessus ou tombent bien au-dessous de leur niveau habituel. Malheureusement, c'est sur l'allure ordinaire des choses, et non sur de pareils évènemens, qu'il faut juger la démocratie. Sans doute, la masse des citoyens veut le bien du pays, et les classes inférieures de la société mettent en général, à ce désir, moins de combinaisons d'intérêt personnel que les classes élevées ; mais ce qui leur manque toujours plus ou moins, c'est l'art d'apprécier les moyens, tout en voulant sincèrement la fin. Ce qui importe assurément par-dessus tout, à un peuple, c'est que les gouvernans n'aient pas d'intérêt contraire aux gouvernés. Cependant l'avantage réel de la souveraineté du peuple n'est pas de favoriser la prospérité de tous les citoyens ; elle ne pourvoit qu'au bien-être du plus grand nombre.

Ceux qui regardent, d'ailleurs, le vote universel comme une garantie de la bonté des choix, se font illusion. Il a d'autres avantages, sans avoir celui-là. Il ne faut pas se dissimuler que les institutions démocratiques développent à un très haut degré le sentiment de l'envie dans le cœur humain. Ce n'est pas tant parce que la démocratie offre à chacun des moyens de s'égaler aux autres, mais parce que ces moyens défaillent sans cesse à ceux qui les emploient. L'égalité complète s'échappe des mains du peuple au moment où il croit la saisir ; il s'échauffe à la recherche de ce bien, d'autant plus précieux qu'il est assez près pour être connu, assez loin pour n'être pas goûté. L'incertitude du succès l'irrite et l'aigrit. Tout ce qui le dépasse alors par quelque endroit, lui parait un obstacle à ses désirs, et il n'y a pas de supériorité si légitime dont la vue ne fatigue ses yeux.

Quoique le peuple américain n'ait point de haine pour les classes élevées, il se sent peu de bienveillance pour elles et les tient ordinairement en dehors du pouvoir. Il ne craint pas les grands talens ; seulement il les goûte peu. En général, on remarque que tout ce qui s'élève sans son appui, obtient difficilement sa faveur. Or, dans les démocraties où le souverain est abordable de toutes parts, et où il ne s'agit que d'élever la voix pour arriver à son oreille, on rencontre beaucoup plus de gens qui cherchent à spéculer sur ses faiblesses que dans les monarchies absolues. Sous ce rapport, la démocratie met l'esprit de cour à la portée du grand nombre.

Il n'y a pas de pays où il règne moins d'indépendance d'esprit et plus de véritable liberté de discussion qu'en Amérique. La majorité trace un cercle formidable autour de la pensée. Au dedans de ces limites, l'écrivain est libre, mais malheur à lui, s'il ose en sortir ! Ce n'est pas qu'il ait à craindre un auto-da-fé., mais il est en butte à des dégoûts de tous les jours. La majorité vit dans une perpétuelle adoration d'elle-même ; elle peut tout et se croit infaillible. Aucun écrivain ne peut échapper à l'obligation de l'encenser. C'est une des raisons du petit nombre d'hommes remarquables que l'on rencontre sur la scène politique.

D'un autre côté, la difficulté que trouve le gouvernement à vaincre les passions et à faire taire tous les besoins du moment en vue de l'avenir, se remarque dans les moindres circonstances. L'autorité qui fait les lois, étant revêtue d'un souverain pouvoir dont l'usage lui est souvent tracé par les mandats impératifs de la majorité électorale, peut se livrer rapidement à ses désirs, et tous les ans on lui donne d'autres représentans, c'est-à-dire qu'on a adopté précisément la combinaison qui favorise le plus l'inconstance de la démocratie dans ses affaires les plus importantes. Ainsi, les écrits d'Hamilton de Madisson, et de Jefferson lui-même, attestent que l'omnipotence, en même temps que l'instabilité des diverses législatures, sont un des plus grands dangers de l'Union.

Les pauvres de l'Amérique peuvent paraître très riches, comparés à ceux de l'Europe. Cependant, comme dans tous les pays, ce sont les Américains vivant au jour le jour qui forment la majorité, et chez eux, cette majorité gouverne. Quand les citoyens de la dernière classe font ainsi la loi, n'ayant aucune propriété imposable, tout l'argent qu'on dépense dans l'intérêt, de la société semble ne pouvoir que leur profiter, sans jamais leur nuire. Le souverain cherche alors partout le mieux, parce qu'il se sent mal ; il descend à des détails infinis, entreprend beaucoup de travaux mal dirigés qu'il n'achève pas ; s'efforce de rejeter l'impôt sur les riches et s'applique surtout à des espèces d'améliorations qu'on n'obtient qu'en payant, car il s'agit de rendre meilleure la condition du pauvre, qui ne peut s'aider lui-même. C'est pourquoi M. de Tocqueville affirme que le gouvernement américain ne peut être un gouvernement à bon marché.

Enfin, le système fédératif met, de toute nécessité, deux souverainetés en présence : la souveraineté de l'Union, produit de l'art, exceptionnelle et bornée à un petit nombre d'attributions ; la souveraineté des états, née avec le peuple lui-même, s'adressant à ses souvenirs, à ses affections, et embrassant ses plus précieux intérêts de tous les jours. N'est-il pas à craindre que le lien fédéral, qui exige tant de connaissances de la part de ceux qu'il doit tenir unis, ne vienne à se relâcher, à mesure que la confédération deviendra plus vaste et plus peuplée ?

M. de Tocqueville nous rassure lui-même sur la plupart de ces périls. Après avoir étudié dans son ensemble la société américaine, il lui a semblé que les diverses lois municipales retenaient dans une sphère étroite l'ambition inquiète des citoyens, et tournaient au profit de la commune les passions qui eussent pu troubler l'état. Il croit aussi que les législateurs de l'Union sont parvenus à opposer, non sans succès, l'idée des droits aux sentimens de l'envie ; aux mouvemens continuels du monde politique, l'immobilité de la morale religieuse ; l'expérience du peuple à son ignorance théorique, et son habitude des affaires à la fougue de ses désirs.

Les corps municipaux et les administrations des comtés forment comme autant d'écueils cachés qui retardent ou divisent le flot de la volonté populaire. La loi fût-elle oppressive, la liberté trouverait un abri dans la manière dont cette loi serait exécutée, parce que la majorité ne descendrait jamais aux puérilités de la tyrannie administrative.

L'esprit légiste sert aussi de contrepoids à l'instabilité démocratique, car, ceux qui font leur étude spéciale des lois ont puisé dans ces travaux des habitudes d'ordre, un certain goût des formes, qui les rendent fort opposés à tout entraînement révolutionnaire. Dans un pays où il n'y a point de nobles ni de littérateurs, où le peuple se défie des riches, les légistes sont appelés à devenir la classe politique supérieure de la société. Ils sont en effet les maîtres d'une science nécessaire qui leur assure un rang à part, et ils ont d'autant plus d'influence, qu'ils forment naturellement un corps. Chaque citoyen étant électeur, éligible et juré, c'est surtout à l'aide du jury en matière civile, que la magistrature américaine fait pénétrer l'esprit légiste jusque dans les derniers rangs de la nation.

L'usage des associations, si libre et si répandu aux États-Unis, est encore une garantie contre le despotisme du plus grand nombre. Elles ne ressemblent point à celles de certains pays où les partis diffèrent tellement de la majorité, qu'ils songent plus souvent à la supplanter ou à la combattre, qu'à la convaincre. Les associations américaines ne sont point des armées, mais des réunions parfaitement régulières, qui s'efforcent d'affaiblir l'empire moral de la majorité, en mettant au concours les argumens les plus propres à faire impression sur elle. Plus de douze cents journaux exempts de toute espèce d'impôts ou d'entraves les secondent dans le même esprit. Nous sommes habitués à regarder comme un grand danger l'inquiétude de l'esprit, le désir immodéré des richesses, l'amour extrême de l'indépendance. Ce sont précisément ces passions inquiètes qui garantissent un paisible avenir à la république américaine. Si elles n'existaient pas, la population se concentrerait autour de certains lieux, et éprouverait bientôt, comme parmi nous, des besoins difficiles à satisfaire. Les inconvéniens qui résultent d'un morcellement excessif des héritages, sont ajournés pour longtemps par l'abondance des terres vacantes dans les contrées de l'ouest.

N'ayant pas de voisins dangereux, les Américains n'ont par conséquent à redouter ni les généraux victorieux, ni les grandes guerres avec les embarras financiers qu'elles entraînent.

Chez eux, point de haines religieuses, parce que la religion est universellement respectée, et parce qu'aucune secte ne domine ; point de haines de classes, parce que le peuple est tout ; point de misères publiques à exploiter, parce que l'état matériel du pays offre une immense carrière à l'industrie. C'est pourquoi toute l'habileté des hommes politiques, à défaut de grandes fonctions qui leur permettent de se produire, consiste à composer de petits partis.

Le suprême pouvoir, il est vrai, semble affaibli ; on remarque qu'il cède souvent à la persévérance de quelques états, dans des questions de tarifs, de banque, ou quand il s'agit des Indiens ; mais M. de Tocqueville ne doute pas que l'union ne soit dans les mœurs des confédérés, et qu'un mouvement de réaction en faveur de la force du gouvernement fédéral ne se déclare aussitôt qu'on s'apercevra de sa faiblesse. Les Américains de notre temps ont moins de difficultés à vivre unis qu'ils n'en trouvèrent en 1789. L'Union a beaucoup moins d'ennemis qu'alors.

Aucune barrière naturelle ne s'élève entre les différentes parties de son territoire ; on y parle partout la même langue, et il n'existe pas de petite nationeuropéenne qui soit plus homogène que la population de ce vaste continent. Si les hommes qui le couvrent n'ont pas entre eux d'intérêts contraires, son étendue même doit servir à leur prospérité. L'unité du gouvernement les dispense en effet de plusieurs armées et de plusieurs lignes de douanes, favorise l'échange des divers produits du sol, et, en rendant leur écoulement plus facile, en augmente la valeur.

Or, les habitans du sud doivent désirer de conserver l'union pour ne pas demeurer seuls en face des noirs, et les habitans de l'ouest, afin de ne pas se trouver enfermés au sein de l'Amérique centrale sans communication libre avec l'univers. Le nord, de son côté, doit vouloir que l'Union ne se divise point, afin de rester comme l'anneau qui joint ce grand corps au reste du monde. Il existe donc un lien étroit entre les intérêts matériels de toutes les parties du continent américain.

On peut en dire autant pour les opinions et les sentimens qu'on pourrait appeler les intérêts immatériels de l'homme. Du Maine aux Florides, du Missouri jusqu'à l'Océan Atlantique, on croit que l'origine de tous les pouvoirs légitimes est dans le peuple ; on conçoit les mêmes idées sur la liberté et l'égalité. Il n'y a pas une seule doctrine religieuse qui soit étrangère à la morale chrétienne ou hostile aux institutions républicaines, et si la religion y paraît moins puissante qu'elle ne l'a été dans certains temps et chez certains peuples, c'est de nos jours le lieu du monde où elle a conservé le plus de pouvoir sur les ames.

Le gouvernement républicain, aux États-Unis, est le règne régulier de la majorité ; mais la majorité elle-même n'est pas toute puissante. Au-dessus d'elle, dans le monde religieux et moral, se trouvent les croyances chrétiennes, l'humanité, la justice, la raison ; dans le monde politique, les droits acquis. La nation américaine tout entière place dans la raison universelle l'autorité de la morale, comme le pouvoir politique dans l'universalité des citoyens. Elle croit que chacun a reçu la faculté de se gouverner lui-même, et, que nul n'a le droit de forcer son semblable à être heureux ; elle a foi dans la perfectibilité humaine, se considère comme un corps en progrès, et admet que ce qui lui semble bon aujourd'hui peut être remplacé demain par le mieux qui se cache encore.

Ainsi tout concourt au maintien de la démocratie des États-Unis, les mœurs beaucoup plus que les lois, et les lois beaucoup plus que les circonstances physiques.

Tout en reconnaissant ce qu'il y a de vrai dans cette balance de ses prospérités et de ses inconvéniens, nous ne pouvons adhérer à plusieurs opinions de M. de Tocqueville. Sa définition du sentiment de l'envie considérée comme un défaut particulier de la démocratie nous parait manquer de justesse. Dans tous les gouvernemens possibles, l'envie tourmente les classes élevées de la société avec d'autant plus d'énergie, qu'elles se proposent un but plus personnel et plus frivole. Que peut ajouter la démocratie à ce vice du cœur humain ? Nous concevons qu'elle multiplie le nombre des envieux quand elle donne aux classes émancipées de nouvelles forces, sans savoir en régler l'emploi ; mais elle leur offre en même temps des moyens moins dangereux de se satisfaire. C'est encore dans ces classes que l'admiration, ce penchant si contraire aux souffrances égoïstes de l'amour-propre, exerce naturellement le plus d'empire. Si le sentiment religieux du devoir et du droit dominait vraiment une société, ne serait-ce pas une raison pour que chacun s'y tenant à sa place, l'envie n'y figurât que par exception ? Nous sommes bien loin de prétendre que l'Amérique ou la France soient arrivées à cette perfection si désirable ; cependant les infirmités d'un état transitoire, plus ou moins durable, ne prouvent pas que la démocratie soit incapable de se perfectionner.

Il est à regretter que M. de Tocqueville n'ait pas été conduit par ses études à s'occuper des lois financières des États-Unis et de leurs établissemens de crédit, que nous avons tant d'intérêt de connaître. S'il eût appliqué son excellent esprit à cette recherche, il ne se serait pas inquiété de la disposition des pauvres à rejeter l'impôt sur les riches, car les neuf dixièmes du revenu fédéral se composant des contributions indirectes de la douane, et l'impôt direct étant fort peu en usage dans les communes et les comtés, un pareil système ne permet guère à une classe de se dégrever aux dépens d'une autre.

D'un autre côté, les informations que nous avons prises ne nous permettent pas de croire que les grands travaux publics, aux États-Unis, soient plus mal dirigés ou plus souvent interrompus que les nôtres ne le sont. Il suffira, pour repousser cette assertion, de renvoyer nos lecteurs à l'ouvrage récemment publié par un Français, M. Poussin, ex-major au corps du génie américain. Deux canaux, complétant une ligne de navigation de plus de mille lieues, exécutés en huit années, prouvent assez combien de tels exemples pourraient nous être profitables pour tout ce qui est relatif à de semblables entreprises [2].

M. de Tocqueville convient lui-même que le pauvre d'Amérique est riche en comparaison de celui d'Europe ; qu'il paie au fisc une moindre portion de son salaire ou de son revenu, et qu'en aucun pays on ne voit des routes mieux entretenues, des écoles et des temples en meilleur état. Pourquoi donc ajoute-t-il que le gouvernement américain ne peut être à bon marché ? Il nous semble que M. de Tocqueville enveloppe ici dans une même prévention le principe trop dédaigné du bon marché avec le principe étroit d'un aveugle et continuel rabais. Sans doute la majorité peut engager tout un pays dans des travaux qu'elle a intérêt à exécuter elle-même ; mais lorsqu'elle en supporte aussi les frais, probablement ces travaux profitent à tout le monde. Il y a moyen d'employer de la sorte des sommes énormes en faisant un très bon marché.

Nous ne reviendrons pas sur des chiffres que nous avons publiés dans cette Revue, en faisant voie, d'après des documens que M. Livingston avait bien voulu nous confier, que dans six états tous les genres de contributions s'élevaient à environ 15 fr. par tête, [3]. M. de Tocqueville a trouvé un chiffre plus élevé dans le seul état de Pensylvanie. Ces diverses conjectures ont fort peu d'importance. La comparaison de l'assiette et de l'emploi reproductif des impôts dans les deux pays, voilà ce qui méritait un sérieux examen. Sous ces rapports, l'Amérique a des avantages qui ne tiennent pas seulement aux heureuses circonstances de sa situation matérielle, mais à la sagesse de son gouvernement.

Quand M. de Tocqueville signale les dangers de l'instabilité législative des États-Unis, il est bon de savoir quelles sortes de lois peuvent être ainsi compromises par de fâcheux entraînemens. Or, il reconnaît dans son ouvrage que les fondemens de la constitution fédérale ont toujours été respectés, et que les Américains, après avoir si souvent changé leurs lois politiques, n'ont pu introduire que de légères modifications dans leurs lois civiles les plus vicieuses, parce qu'en pareille matière, l'opinion conservatrice des légistes avait dû prévaloir. Ne faut-il pas en conclure que les lois secondaires sont seules exposées à l'inconstance de la majorité ? Si cette chance de désordre ainsi limité est encore un mal, n'oublions pas que depuis quarante-cinq ans la France a changé huit fois de rois héréditaires et neuf fois de constitutions, à travers les plus sanglans désordres, tandis que les États-Unis n'ont eu que sept présidens sous l'empire pacifique de la même constitution. Nous savons bien que notre position et nos antécédens ne sont point ceux de l'Amérique ; nous rappelons seulement, comme un fait incontestable, que chez nous l'instabilité législative se manifeste à la fois dans les lois constitutionnelles, dans les lois politiques et dans les lois administratives, dont l'immense recueil renferme tant de contradictions.

L'étendue de ces critiques ne nous permet pas de faire connaître tout cequ'il y a de jugemens lumineux, d'intentions parfaites et de salutaires avis, dans les recherches de M. de Tocqueville. Nous voudrions pouvoir reproduire ses éloquentes pages sur les vices de notre centralisation si mortelle aux vertus de l'esprit de cité. Selon lui, si le despotisme venait à s'établir de nouveau dans notre pays, dépourvu de la plupart de ses croyances et de ses vieilles garanties, il s'y montrerait sous des traits inconnus à nos pères. Il pense que nous sommes arrivés à ce point, qu'il nous est nécessaire d'opter entre la plus avilissante tyrannie ou le développement graduel d'une pleine démocratie, parce qu'une complète égalité des conditions sociales peut mener également à ces deux résultats. Il croit enfin que, s'il est difficile d'inspirer au peuple les sentimens qui lui manquent pour se bien gouverner, le législateur ne doit jamais oublier que chaque génération est comme un peuple nouveau offert à ses réformes.

M. de Tocqueville conseille à l'Amérique plusieurs moyens de centraliser davantage, dans certains cas, son administration judiciaire ou civile. Le contraste de la chambre des représentans, composée en général d'hommes assez vulgaires, avec le sénat rempli des plus illustres notabilités de l'Union, lui fournit une occasion de remarquer que la première assemblée est le produit du vote universel direct, tandis que la seconde est le produit du vote universel à deux degrés. Le sénat, qui représente particulièrement les états, étant nommé par les législatures de chacun d'eux, il suffit que la volonté populaire passe à travers cette assemblée choisie, pour s'y élaborer, en quelque sorte, et en sortir revêtue de formes plus nobles et plus belles. Les hommes ainsi élus représentent toujours exactement la majorité de la nation qui gouverne ; seulement ils ne représentent que les pensées élevées, les instincts généreux qui ont cours au milieu d'elle. Cette opinion de M. de Tocqueville pourrait également s'appuyer sur l'autorité de l'assemblée constituante et de l'assemblée législative ; quoiqu'elle ne descende à aucun règlement de détail, elle a l'avantage de concilier, dans l'intérêt de la société, le principe qui considère le vote électoral comme un droit naturel, avec celui qui le réserve comme une fonction.

En présence de tous les vices qui accompagnent encore l'exercice de la souveraineté populaire dans les deux mondes, combien n'a-t-on pas opposé de lugubres paradoxes et d'affreuses caricatures sur la démocratie, aux ardens courages qui, pour hâter ses progrès, ne tenaient pas compte de la difficulté des temps et des lieux ! Le courage de M. de Tocqueville est celui du dévouement studieux, de la prudence persévérante et des transitions sincères.

Nous lui reprocherons toutefois la mélancolie et la contradiction dequelques-unes de ses conjectures sur l'avenir. Il nous promet la réconciliation du pouvoir et de la société, l'exercice et le respect de tous les droits, une confiance mutuelle entre toutes les classes de citoyens, des prospérités domestiques inouïes, et avec cela, il semble que ces biens lui paraissent entraîner le sacrifice de la plupart des grandeurs qui nous charment. Les vices se multiplieraient à mesure que les crimes deviendraient plus rares ; l'instruction vulgaire étoufferait la haute science ; les croyances feraient place aux calculs personnels ; les sentimens exaltés, héroïques, les naïves merveilles de l'art et de la poésie, nos plus chères délices, disparaîtraient d'une société industrieuse, confortable et rangée, mais n'ayant malheureusement qu'un seul enthousiasme, celui de ses affaires.

En vérité, nous ne rêvons pas un paradis démocratique, et pourtant nous serions au désespoir d'être réduits à de semblables espérances. Afin de nous mieux tenir en garde contre les dangers qui nous menacent, M. de Tocqueville a probablement exagéré l'expression de ses craintes, car autrement, d'aussi sages conseils n'auraient pu venir d'une prévoyance aussi triste. Que l'état présent de la démocratie et ses défauts en Amérique, un peu plus qu'en France, soient tels qu'il les décrit, nous l'admettons ; mais on ne saurait juger toute la postérité d'après le moment actuel et la démocratie de tous les temps d'après les habitudes assurément perfectibles d'un seul pays.

Vous dites que la société perd ses croyances et la bonne société ses loisirs. Les croyances sont-elles donc inconciliables avec les progrès de la raison, et leur plus noble aliment ne sera-t-il jamais la vérité ? Avant de désespérer de nos meilleurs penchans, attendez que la science et l'industrie aient découvert dans les vertus d'une véritable association le secret de leur nouvelle puissance. Quand l'inutile essai de tant forces récemment écloses nous aura convaincus d'un impuissant orgueil, il sera temps de renoncer à de magnifiques destinées. Jusque-là, croyons que, pour vivre avec la gloire qui lui est réservée, la démocratie moderne ne peut rencontrer, dans ses incomparables ressources, des obstacles que les siècles antérieurs n'ont pas trouvés dans leur dénuement.

Parvenu au terme de ses travaux, un écrivain aussi distingué que M. de Tocqueville ne pouvait abandonner un sujet tel que le sien sans l'embrasser d'un seul regard et dans ses dernières conséquences.

Semblable, comme il le dit lui-même, au voyageur qui, en sortant des murs d'une vaste cité, gravit la colline prochaine, il a voulu saisir l'emsemble de ce qu'il avait étudié en détail, et s'est alors demandé quel était vraiment le but de la démocratie américaine, son emploi ou sa mission générale, son avenir probable.

La démocratie américaine, c'est une force prodigieusement puissante et rapide en sa crue, qui, pour défricher un monde, se confie à la complète liberté de la raison humaine, à l'énergie de l'intérêt personnel, à l'inépuisable fécondité de ses ressources territoriales, à l'harmonie d'une société libre dès sa naissance, et favorisée en toutes choses dans les merveilleux élancemens de son heureuse activité.

Elle compte aujourd'hui 14,000,000 d'habitans. A la fin de ce siècle, elle en aura 100,000,000 [4], tous égaux entre eux, parlant la même langue, professant la même religion, avant les mêmes mœurs et soumis à de communes inspirations. Tout le reste est douteux ; mais ceci est certain. Or, voici un fait entièrement nouveau dans le monde, et dont l'imagination ne saurait saisir la portée.

Deux grands peuples semblent aujourd'hui s'avancer vers le même but : ce sont les Russes et les Anglo-Américains.

Tous deux ont grandi dans l'obscurité ; et tandis que les regards des hommes étaient occupés ailleurs, ils se sont placés tout à coup au premier rang des nations. L'Américain lutte contre les obstacles que lui oppose la nature ; le Russe est aux prises avec la civilisation européenne. Aussi les conquêtes de l'Américain se font-elles avec la charrue et la liberté, celles du Russe avec l'épée et la servitude. Malgré la différence de leurs points de départ et de leurs moyens, chacun d'eux semble appelé par la Providence à tenir un jour dans ses mains la moitié du monde.

Est-ce là tout ? N'apercevez-vous rien de plus ? Ah ! si nous gravissions à notre tour la colline qui s'élève au-dessus de cette grande cité démocratique où vous avez si ingénieusement dirigé nos pas ; nous voudrions voir un autre ensemble, de plus consolantes merveilles et des cieux nouveaux ; mais nous détournerions nos regards de ce géant peu redoutable par sa masse, puisqu'il est privé de la vie morale, seule condition des hautes et puissantes destinées. Non, la moitié du monde ne sera point sa proie ; on lui demandera compte du martyre de la patrie polonaise, et il sera rejeté dans l'Orient, sa terre promise. Un empire universel et durable ne sortira jamais de ces peuplades si diverses, de la barbarie servile et des subtilités du schisme grec, mêlées à tant d'autres élémens de dissolution.

La démocratie américaine n'est comparable qu'à la démocratie européenne en France, et dans les pays voués à la même révolution.

La démocratie américaine s'adore elle-même, se croit infaillible dans ses continuelles innovations, et soumet toutefois ses volontés aux maximes tolérantes de ses pères, n'imaginant pas qu'on puisse arriver à son but par des moyens iniques. Il lui est facile de respecter des droits individuels et des intérêts établis qui ne contrarient presque jamais ceux de la société. Lorsqu'elle s'écarte de cette manière d'agir, dans ses relations avec les noirs ou les indiens, elle prouve que sa religion n'est pas aussi vive que son patriotisme, et qu'il est plus facile aux peuples de fonder des empires que de se corriger de leurs vices.

La démocratie européenne s'effraie de ses propres inspirations, parce quelle n'a point trouvé sa loi, et souvent, dans cette incertitude, tout lui parait permis. Elle n'a que des instincts et point de règles. Comme elle s'agite, avec sa conscience confuse et troublée, pour devenir meilleures Cependant elle devient cruelle par la double nécessité de son entraînement et de son défaut de savoir. Pour elle, la souveraineté du peuple n'est qu'une vérité de combat. Presque tous nos partis démocratiques se réservent d'agir au nom de la majorité, en déclarant que c'est elle qui parle, d'obtenir son obéissance en ayant l'air de lui obéir. On conçoit bien, en effet, comment la souveraineté du peuple ou le bon sens du plus grand nombre est le meilleur guide au milieu des soins habituels qui absorbent les États-Unis. Ce bon sens nous suffirait aussi dans la vie municipale et dans nos plus simples affaires ; mais que peut-il dans la recherche d'une loi morale ? L'ignorance, multipliée par elle-même, ne donnera jamais la vérité, et la science ne peut venir que des savans. Aussi, le premier qui prétend savoir, se pose. Il devient chef d'école, théocrate ou dictateur, selon l'étendue et la bonne volonté de son auditoire.

Tandis que la démocratie américaine se renferme dans la pratique et l'expérience, la démocratie européenne ne procède que par esprit de secte ou par insurrection. Or, les sectes sont sujettes à délirer, quoiqu'elles donnent quelquefois un salutaire mouvement aux discussions et recommandent des principes utiles, à travers leurs paradoxes.

Ce sont les voiles du navire. Le gouvernail exige un autre emploi.

On trouve assurément, dans nos lois civiles, un fonds de positive démocratie, heureux débris de nos désastres, un état normal en apparence inaccessible aux réformes des sectes. Il n'y a rien de si commode que de s'en tenir ainsi aux résultats obtenus, de suivre le courant des incertitudes de la majorité, sans rien entreprendre au-delà, de considérer enfin comme définitif ce qui a pour soi la force du pouvoir. Mais il faut être bien aveugle pour admettre que cette démocratie matérielle puisse se passer d'une ame ; que le gouvernement n'ait pas besoin de sentiment populaire et de grandeur, d'institutions morales, d'esprit de cité, et d'une extension graduelle des droits du pays proportionnée aux progrès de notre commune éducation.

A défaut de ceux qui gouvernent, les esprits ardens ont repris les problèmes de notre première révolution. Démocratie conventionnelle, fédéraliste, bonapartiste, légitimiste, saint-simonienne ou ultra-chrétienne, catholique ou néo-millénaire, phalanstérienne, graduelle et sociale, combien n'avons-nous pas d'écoles diverses dont la simple énumération paraîtrait fort bizarre aux États-Unis, où l'on ne voit à peu près qu'une seule opinion démocratique !

La tâche présente qui nous est imposée est plus vaste, plus difficile aussi, que celle des Américains, puisque elle embrasse toutes les questions religieuses, morales et politiques. Pour refaire ou réparer les croyances dont ils se contentent, nous avons des loisirs particuliers, et surtout une résolution qui nous est propre. Notre démocratie, beaucoup moins expérimenté que la leur, est douée d'un instinct plus large.

Mais ne sont-ils vraiment destinés qu'à défricher un territoire de deux à trois cent mille lieues carrées, monotone fourmilière de cent cinquante millions de citoyens, égaux en droits, en égoïsme et en vulgarité ? Si nous admettons pour eux cette injurieuse conjecture, il n'existe aucune raison de la repousser pour nous et pour nos descendans.

La conciliation de la foi et de la science, de la liberté et de l'association, des droits individuels et des obligations sociales, de la souveraineté du peuple et de la souveraineté de la justice, du gouvernement et des gouvernés, des pauvres et des riches, de la propriété et de l'industrie, voilà les questions dont la poursuite nous rend si fiers et si malades. Il faut croire qu'elles seront un jour résolues, ou renoncer à tout espoir de bon ordre et de paix sur la terre.

Alors, la démocratie américaine, entraînée aussi par les mêmes nécessités qui nous pressent, devra peut-être au vieux monde cette couronne de vérités religieuses, de saintes vertus fraternelles et de gloires poétiques, unique prix des labeurs de la civilisation.

F. DE CORCELLE

NOTES

1. De la Démocratie en Amérique, par M. Alexis de Tocqueville ; 2 vol. in-8° ; chez Gosselin.

2. Travaux d'améliorations intérieures, projetés ou exécutés par le gouvernement des États-Unis, de 1824 à 1831, par - M. Poussin ; I vol. in-8e avec atlas.

3. Revue des deux Mondes, 1er mars 1834.

4. Le territoire maintenant occupé par les États-Unis forme à peu près la vingtième partie des terres habitées. Si la population continue à doubler en vingt-deux ans, pendant un siècle encore, comme elle l'a fait depuis deux cents ans, on, comptera, dans vingt ans, 24,000,000 d'Américains, 48,000,000 en 1874, 96,000,000 en 1896. Les terres propres à la culture peuvent facilement contenir ce nombre d'habitans, qui ne donnerait que 762 individus par lieue carrée. Or, la population moyenne de la France est de 1,063, celle, de l'Angleterre de 1,457, celle de la Suisse, malgré ses lacs et ses montagnes, de 783 habitans par lieue carrée.

Cinquante-sept fleuves navigables apportent, leurs eaux au Mississipi qui arrose plus de 1,000 lieues dans son cours. La vallée du Mississipi, renfermée entre les Montagnes Rocheuses et les Alléghanys, comprend 228,843 lieues carrées, espace environ six fois plus grand que la superficie de la France. Elle est infiniment plus fertile que le versant oriental des Alléghanys où se sont portés les premiers efforts des émigrans. Cette raison, ajoutée à toutes les autres, pousse énergiquement la population américaine vers l'ouest. On a calculé qu'elle s'avançait, chaque année, dans cette direction, d'environ sept lieues.

Il y a quarante ans, la majorité des citoyens, de l'Union était sur les bords de l'Atlantique, aux environs de l'endroit où s'élève aujourd'hui Washington ; maintenant elle se trouve plus enfoncée dans les terres et plus au nord. On ne saurait douter qu'avant vingt ans elle ne soit de l'autre côté des

Alléghanys. Dans trente ou quarante ans, la population de la vallée du Mississipi, comparée à celle des anciens états, sera dans la proportion de quarante à onze.

L'Europe a 410 habitans par lieue carrée. Avec le même nombre, l'Amérique du Nord aurait 150,000,000 d'habitans.

www.ingramcontent.com/pod-product-compliance
Lightning Source LLC
Chambersburg PA
CBHW061952280526
45787CB00004B/1825